Redaktion Susanne Koppe

Originalausgabe
Veröffentlicht im Rowohlt Taschenbuch Verlag
GmbH, Reinbek bei Hamburg, November 1998

Text- und Umschlagillustration Franziska Biermann
Umschlaggestaltung Barbara Hanke
rotfuchs-comic Jan P. Schniebel

Lithographie Grafische Werkstatt Ch. Kreher,
Hoisdorf
Satz Minion und Gill PostScript, QuarkXPress 3.32
Gesamtherstellung Clausen & Bosse, Leck
Printed in Germany
ISBN 3 499 20949 7

Die Schreibweise entspricht den Regeln
der neuen Rechtschreibung.

Franziska Biermann

DAS GLÜCKSBUCH

Rowohlt

INHALT  ca. 250 g

1. KAPITEL

Tatsache ist:
Das Glück fällt meistens
nicht vom Himmel.

Sollte dieser unerwartete Fall
aber doch eintreten, musst du es
unbedingt auffangen!

FALSCH!

Setz dich also nicht auf einen
Stuhl und warte einfach ab. *

* Da sitzt du nämlich bis zum St. Nimmerleinstag!

RICHTIG!

Spitz den Bleistift,
hol die Schere,
schärf den Blick und
leg mal richtig los!

Wie man das Glück fängt, wie man mit ihm umgeht und wie man auch glücklosere Tage ganz gut übersteht, liest du auf den folgenden Seiten.

Am Glück, da musst du kräftig
basteln, damit es richtig gut wird.
Was du dafür brauchst, kannst
du vor jedem Kapitel in dieser
Werkzeugtasche lesen!

2. KAPITEL

SCHERE, STIFT + ERDBEEREIS

Was der Glücksbastler
alles braucht.

Jeder ist seines eigenen Glückes

KLEBBEOBACHTHINSEHWÜRFELPROB

Deshalb such dir folgende Sachen zusammen:

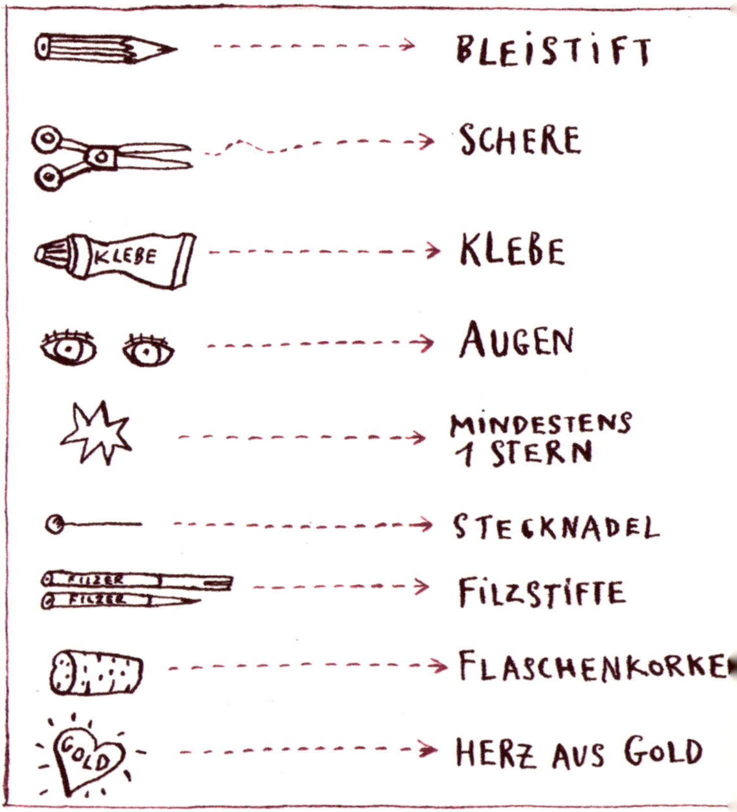

ALRADIERSCHREIBSCHNIPPELSCHLECKER

Und wenn du dann in den Zutatenfeldern eines dieser Symbole siehst, weißt du genau, mit welchem Werkzeug du das Glück am Schopf packen musst!

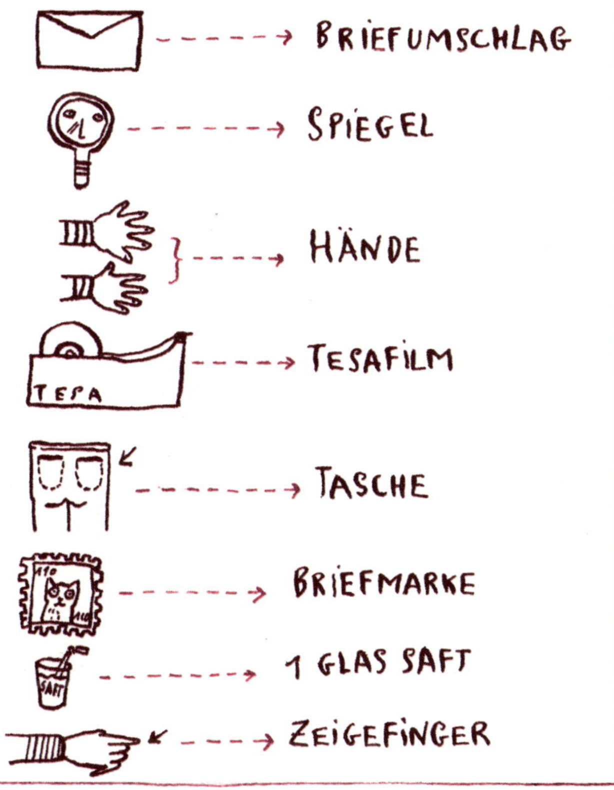

ACHTUNG: Falls du dich nicht traust, dein Buch völlig zu zerschnippeln, kannst du dir die Bastelseiten herauskopieren. Oder du lässt dir einfach noch ein zweites Glücksbuch schenken.

FÜR DAS FOLGENDE
KAPITEL BRAUCHST DU:
TESA

3. KAPITEL

DAS INTERNATIONALE GLÜCKSLEXIKON

Damit du überall auf der Welt weißt, wonach du suchst und wie du danach fragen kannst.

BETRIEBSANLEITUNG

Wichtiger Tipp:

Steck dir dein Glückslexikon vor jeder Reise in die Hosentasche.*
Es wird dir bestimmt noch sehr nützlich sein!

Entlang der Linie musst du schnippeln,
entlang der Linie musst du falten.

1. Du schneidest erst mal die ganze Seite entlang der rosa Linie aus deinem Glücksbuch heraus.

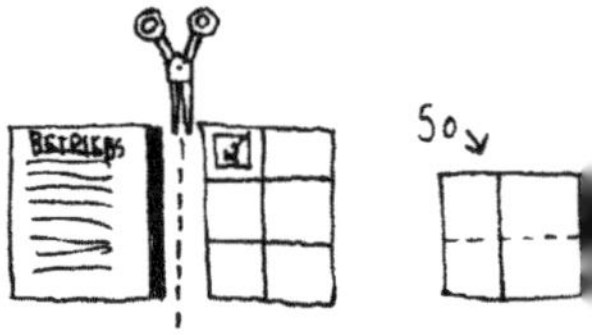

2. Dann schnippelst du dieses Blatt an der roten Linie in zwei Teile.

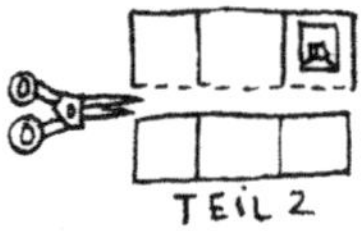

3. Mit einem Stück Tesafilm klebst du beide Teile so aneinander, dass du einen langen Streifen bekommst.

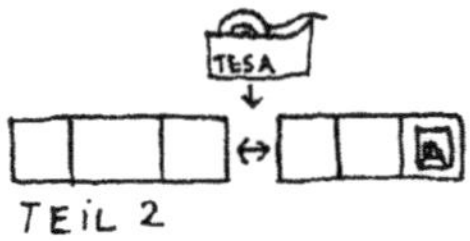

4. Jetzt faltest du den Streifen an den Linien wie eine Ziehharmonika.

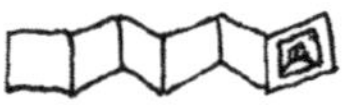

5. Nun musst du nur noch auf der ersten Seite deinen Namen eintragen. Fertig!

* Das Glückslexikon ist nicht waschmaschinenfest.

HIER TEIL 2 DRANKLEBEN!
SPANIEN
SUERTE
SSUÄRTE
ENGLAND
LUCK
LACK
DIESES INTERNATIONALE
GLÜCKSLEXIKON
GEHÖRT: ______
POLEN
SZCZĘŚCIE
SCHÄNSCHE
FRANKREICH
BONHEUR
BONÖR
JAPAN
幸せ
SHIAWASE
TEIL 2

TÜRKEI
ŞANS
SCHANZ
SCHWEDEN
LYCKA
LÜCKA
ITALIEN
FORTUNA
FORRTUNA
RUSSLAND
СЧАСТЬЕ
SCHASTJE
SÜDAFRIKA / ZULU
UKUJABULA
UGUDSCHABULA
GRIECHENLAND
ТΥΧΗ
TICHI

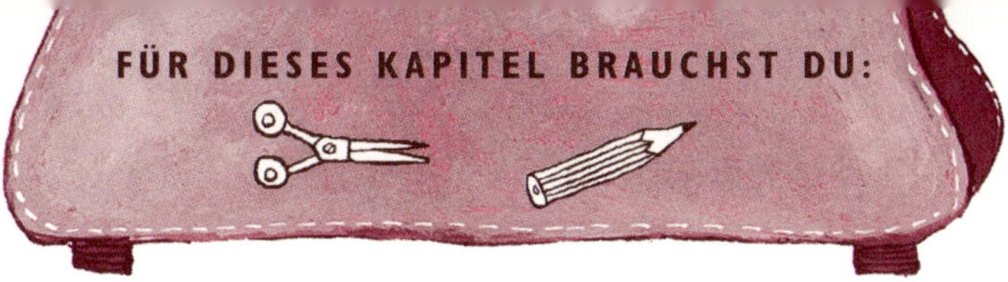

4. KAPITEL

STECKBRIEF: GLÜCK

Das Glück wurde schon an vielen Orten gesehen, doch es ist äußerst schwer zu erkennen. Das Glück ändert nämlich ständig seine Gestalt.

Wie und wo es sich bereits gezeigt hat, siehst du auf den folgenden Seiten. Du schneidest einfach die schwarzen Linien durch, und dann blätterst du herum, wie es dir passt.

Bist du dem Glück auch schon begegnet?

Gesehen in München:

als Bertram Glück, der singende
Kanarienvogel, der

mit einer eigenwilligen
Interpretation von
«Veronika, der Lenz ist da!»

jedes Tanzbein in Bewegung bringt.

Gesehen in Berlin:

als pfiffiger
Promenadenpudelschnauzer
Bronko Glück, der

ganz ohne Worte

Langeweile vertreibt.

Bronkos
Lieblingsspei

Gesehen in Bielefeld:

als gut gelaunter Superheld
Günther Glück, der

mit Muskelkraft und vollem Einsatz

viele Leute aus wirklich gefährlichen
Situationen gerettet hat.

SUPER

Gesehen in Hamburg:

als Silke Glück, Lehrerin der 8 a, die

mit großem Geschick

auch die schwierigsten Dinge im Leben
erklären kann.

Oder sieht dein Glück ganz anders aus?
Hier kannst du es beschreiben.

Gesehen in:

Hier kannst du dein Glück reinmalen!

FÜR DAS FOLGENDE
KAPITEL BRAUCHST DU:

5. KAPITEL

GYMNASTIKSTUNDE FÜR GRIESGRAME

Wie auch immer das Glück aussehen mag:
Nimm einen Spiegel und schau genau hin!

Falls das, was du da entdeckst,
so aussieht,

brauchst du dich nicht zu wundern,
warum ausgerechnet dir das Glück
ständig die Tür vor der Nase zuschlägt!

Bist du ein

GRIESGRAM?

Hier kommen ein paar
Übungen, die dich bei fleißiger
Anwendung in das Gegenteil
verwandeln werden.

AUSGANGSPOSITION:

Stell dich ganz locker vor den Spiegel und lass alles hängen, so, wie du es immer tust. Denk bei den folgenden Übungen an etwas Schönes, dann geht es leichter!

ÜBUNG I

soll dir zunächst einmal die Augen öffnen. Heb also deine Augenbrauen in Richtung deines Haaransatzes – halte diese Position und zähle bis 15. Dann wieder locker lassen. Insgesamt sollte diese Übung mindestens 30× wiederholt werden.
(Besonders Begabte lernen mit dieser Übung gleichzeitig auch das «Ohrenwackeln»!)

ÜBUNG 2

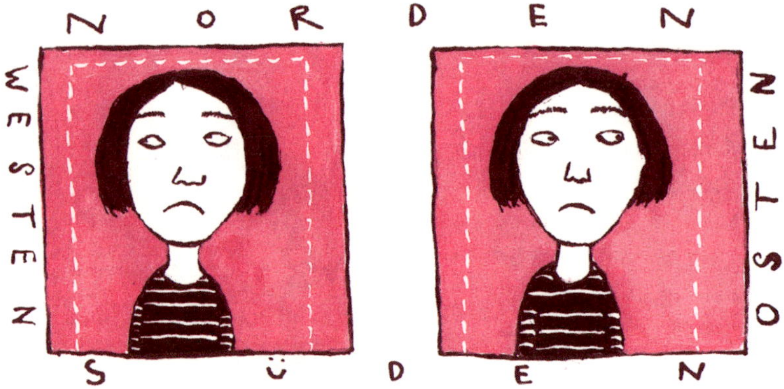

ist gegen deinen trübsinnigen Blick. Roll mit deinen Augen von links nach rechts und von oben nach unten. Lass den Blick in alle Himmelsrichtungen schweifen. Wenn du das gut kannst, kombiniere ÜBUNG 1 + ÜBUNG 2.

ÜBUNG 3

ist die schwerste für alle hart gesottenen Griesgrame. Bei dieser Übung sollen die Mundwinkel, die normalerweise in Richtung Boden zeigen, in die Nähe der Ohren bewegt werden.

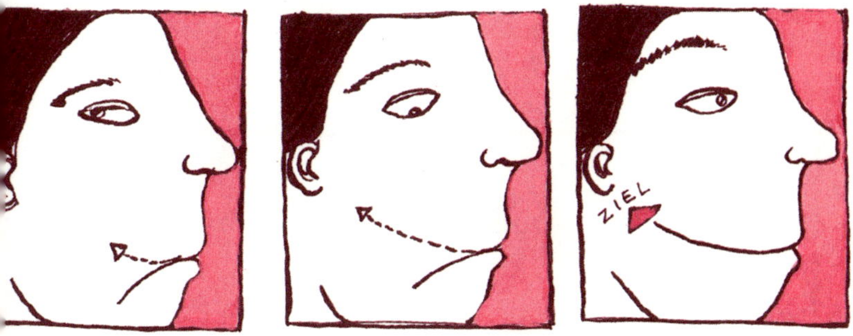

Beginn den ersten Teil der Übung, indem du ganz leicht mit den Mundwinkeln in Richtung Ohr zuckst. Das machst du bitte 10 Minuten lang.

B. Du hebst die Mundwinkel so hoch, wie du kannst, verharrst in dieser Position und zählst bis 1000.

C. Wieder die Mundwinkel heben und jetzt die ÜBUNG 1 («Augen auf!») und die ÜBUNG 2 («Blick schweifen lassen!») anwenden.

ACHTUNG:
Nach den ersten Übungsstunden wirst du wahrscheinlich etwas Muskelkater haben.
Trotzdem unbedingt weitermachen!

TIPP:
Ergänze deine neuen Fähigkeiten durch Einsatz von Armen und Beinen. Zum Beispiel durch freundliches Winken und Luftsprünge.

6. KAPITEL

Liebesbrief an mich!

Ein echter Glückstag ist einer, an dem man so richtig gern gehabt wird. Leider sind solche Tage viel zu selten. Wenn trotz Antigriesgramgymnastik weit und breit kein Gernehaber in Sicht ist, dann:

Nimm die Sache selber in die Hand!

Füll den Brief aus, steck ihn in einen Umschlag mit Briefmarke, und ab damit in die Post.

LIEBE(R) ____________!

DU BIST DOCH DAS ____________
WESEN AUF DER GANZEN WELT.
MIT DEINEN ______ HAAREN
UND DEINEN ________ AUGEN, DIE
WIE ____________ LEUCHTEN.
WENN DU MIR GEGENÜBERSTEHST,
DENKE ICH IMMER AN EIN(E)
__________. DU MEIN LIEBSTES(R)
________. DU HAST EIN HERZ
AUS ________. DU BIST SO
SCHLAU WIE EIN(E) ________
UND HAST AUCH IMMER SO
________ IDEEN. DU
BIST EINFACH ________!!

100.000 ________
SCHICKT DIR

____

FÜR DAS FOLGENDE
KAPITEL BRAUCHST DU:

7. KAPITEL

TATSACHENBERICHT: FENCHEL MACHT GLÜCKLICH!

Mit Extrarezept
für ganz schwierige Fälle!

KLÜCKSTÄDTER BLATT

KOSTENLOSE SONDERAUSGABE

Sensationelle Entdeckung!

Der Klückstädter Wissenschaftler Dr. Heinrich Kloos entdeckt nach jahrelanger Forschung das Wundermittel gegen schlechte Laune und Trostlosigkeit aller Art: **FENCHEL.**

Lesen Sie auf den folgenden Seiten die unglaubliche Erfolgsgeschichte von Herrn Dr. Kloos. Sie wird Ihr Leben verändern.

KLÜCKSTÄDTER BLATT

KOSTENLOSE SONDERAUSGABE

Die Geschichte des vom Unglück verfolgten Dr. Heinrich Kloos beginnt vor nahezu 30 Jahren, in einem nahe gelegenen Vorort. Außerordentlich schlechte Laune und lautstark anhaltende Unzufriedenheit haben Dr. Kloos bereits vom ersten Tag seines jungen Lebens an voll und ganz im Griff.

Foto: Dr. Heinrich Kloos, im Alter von fünf Wochen

Dieser Umstand ist nichts Ungewöhnliches für einen geborenen Kloos.

Foto: Vater und Mutter Kloos

Doch Dr. Kloos ist anders als der Rest seiner Familie. Schon im Vorschulalter bemüht sich der Unglückliche außerordentlich, seinem Miesmuffeldasein zu entkommen – doch leider ohne jeden Erfolg.

Fotos: Dr. Heinrich Kloos, im Alter von fünf Jahren

Nach der Schulzeit beginnt Dr. Kloos ein höchst wissenschaftliches Studium der Wissenschaft und forscht fortan Tag und Nacht nach dem Schlüssel zum Glück.

Foto: Dr. Heinrich Kloos forscht fast ununterbrochen

KLÜCKSTÄDTER BLATT

KOSTENLOSE SONDERAUSGABE

Dr. Kloos experimentiert und laboriert, doch das Unglück klebt an ihm wie ein altes Kaugummi unter einer Schuhsohle.

Foto: Der arme Dr. Heinrich Kloos

Foto: Im Labor mit Lach-H_2O-forte

Foto: Nach Abschluss der Bon-Bon-Therapie

Foto: Schlechte Ergebnisse bei der Gurken-Salami-Tinktur

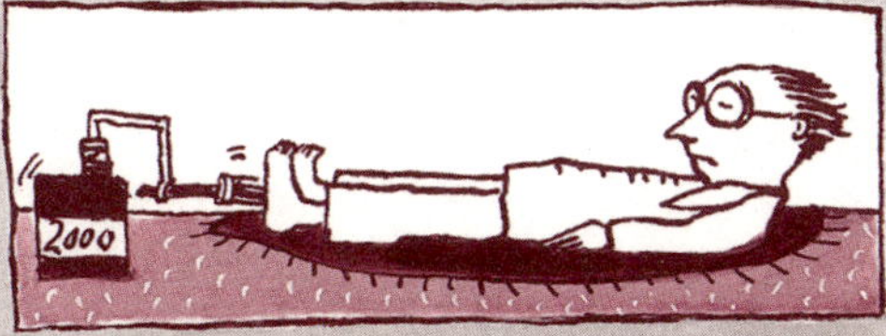

Foto: An der Kitzelmaschine 2000

Foto: Aromatherapie im Selbstversuch

KLÜCKSTÄDTER BLATT

KOSTENLOSE SONDERAUSGABE

Doch dann kommt der 10. Mai und jener schicksalhafte Abend, an dem sich die Geschichte von Herrn Dr. Kloos doch noch völlig unerwartet zum Guten wendet.

Vertieft in seine Forschungsarbeit, vergisst Dr. Kloos an diesem Tag, dass sein Kühlschrank schon seit Tagen leer ist. Nach Ladenschluss sitzt der Unglückliche also halb verhungert in der Wohnung.

Foto: Der hungerleidende
Dr. Heinrich Kloos

Vom knurrenden Magen getrieben, beschließt er, sich eine Scheibe Brot und etwas Käse auszuborgen. Ganz gegen seine Gewohnheit läutet er deshalb bei seiner Nachbarin Frau Susanne Grün.

Foto: Vor der Wohnungstür

KLÜCKSTÄDTER BLATT

KOSTENLOSE SONDERAUSGABE

Frau Grün ist selber gerade beim Abendessen und lädt Herrn Dr. Kloos ein, ihr dabei Gesellschaft zu leisten. Wenig später sitzt der halb verhungerte Wissenschaftler vor einem großen Teller Auflauf. Bereits nach den ersten Bissen stellt Herr Dr. Kloos eine seltsame Veränderung an sich fest.

Fotos: Die seltsame Verwandlung des Herrn Dr. Heinrich Kloos

Seine Mundwinkel ziehen sich ganz von selbst in Richtung seiner Ohren. Unter seinem weißen Kittel, genau an der Stelle, wo sich sein Herz befindet, wird es sehr warm. Als er kurz darauf sein eigenes Lachen hört – zum ersten Mal in seinem Leben –, gibt es für ihn keinen Zweifel mehr. Zum großen Erstaunen der Nachbarin macht sich der fröhliche Dr. Kloos nun daran, die Glück bringende Mahlzeit aufs genaueste zu untersuchen.

Foto: Tischtuch

KLÜCKSTÄDTER BLATT

KOSTENLOSE SONDERAUSGABE

Nach einer kurzen Bestandsaufnahme der Zutaten steht fest:
90% Fenchelanteil in 100% Auflauf.
Ist dies tatsächlich des Rätsels Lösung?
Macht Fenchel etwa glücklich?

Um seine Entdeckung eindeutig zu beweisen, stellt Dr. Kloos in den folgenden Tagen noch weitere Tests mit dem Wundergemüse an – tatkräftig unterstützt von Frau Susanne Grün.

Nach einer Woche intensivster Fenchelforschung sind beide restlos überzeugt!

Zitat: «So glücklich waren wir noch nie.»

FENCHEL MACHT GLÜCKLICH.

FENCHELAUFLAUF

alla Kloos + Grün

1

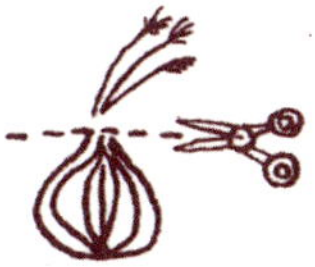

Fenchelgrün abschneiden.
(Nicht wegwerfen. Es gibt vielleicht noch jemanden, der sich darüber freut.)

2

Fenchel waschen. (Ohne Seife!)

3

Fenchel halbieren und die Hälften in feine Streifen schnitzeln.

4

Fenchel kunstvoll in einer feuerfesten Schüssel auslegen. Salz und Pfeffer darüber streuen.

Milch und Sahne zusammenschütten. Alles verrühren und über den Fenchel kippen. (Vorsichtig! Oder wer soll die Schweinerei dann wegmachen?)

6

Käse raspeln. (Nicht Finger raspeln!)

Backofen auf 200 °C, Fenchelauflauf rein, 30 Minuten warten, rausholen, essen … GLÜCKLICH!

FÜR DAS FOLGENDE KAPITEL BRAUCHST DU:
GOLD

8. KAPITEL

DAS CARITAS-PROJEKT

oder:
Wie man in den Wald ruft …

so schallt es auch heraus!!!

Deshalb ist die Art und Weise des Rufens ungeheuer wichtig. (Wer brüllt wie ein Löwe, erhält auch eine löwenmäßige Antwort!)

Kurz gesagt:
Der Wald, das sind die anderen, deine Mutter, dein Freund, deine Schwester oder sonst wer. Der Rufer aber, das bist du. Rufst du freundlich und hilfsbereit und bist zur Abwechslung mal richtig nett, meinen es auch die anderen gut mit dir.

Damit du genau weißt, wie man gut ruft, kommen hier ein paar Beispiele:

Ruf-Idee Nummer 1 **DAS TEILEN**

Die Situation: Du hast ein tolles Fahrrad und dein Freund hat keins!

Idee: Anstatt vor seiner Nase allein davonzubrausen, lädst du ihn ein zu einer Tour auf deinem Gepäckträger.

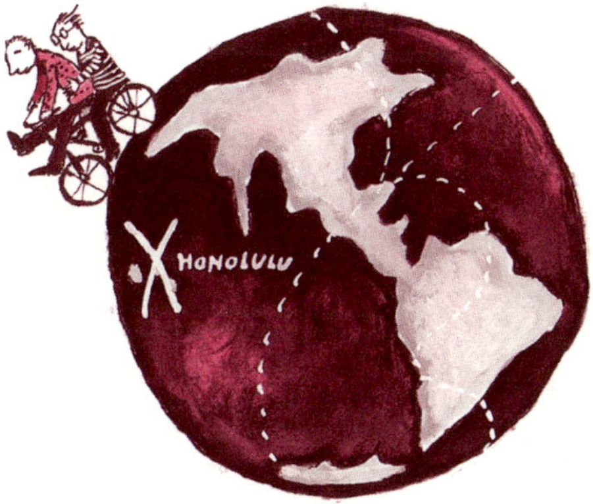

Glücklicherweise
hat dein Freund ganz lange Beine und löst dich oft beim Trampeln ab. So schafft ihr alle Wege in der halben Zeit und gewinnt beim Fahrradrennen eine Urlaubsreise nach Honolulu.

Ruf-Idee Nummer 2 **DAS HELFEN**

Die Situation: Deine Schwester versucht schon seit zwei Stunden vergeblich, ihr Hartplastiksparschwein zu knacken.

Idee: Anstatt ihr wieder einmal zu sagen, dass sie wohl zwei linke Hände besitzt, holst du schnell die Säge und zerlegst die Spardose in zwei Teile.

Glücklicherweise
ist in der Spardose ganz viel Geld. Deine Schwester ist so froh über ihren Reichtum, dass sie dich sofort zu einem Eis einlädt. (Mindestens drei Kugeln!)

Ruf-Idee Nummer 3 **DAS SCHENKEN**

Die Situation: Du hast etwas Geld in der Tasche, um ein Geburtstagsgeschenk zu kaufen.

Idee: Anstatt die Hälfte des Geldes in fünfzehn Knusperriegeln für dich selbst anzulegen, kaufst du ein richtig schönes Geschenk. (Eines, das nicht gleich auseinander fällt!)

Glücklicherweise
freut sich das Geburtstagskind riesig, und du bekommst keine Pickel auf der Nase von der ganzen Schokolade!

FÜR DAS FOLGENDE
KAPITEL BRAUCHST DU:

9. KAPITEL

Entscheidungshilfe für Unentschlossene

Merke:
Entscheidungslosigkeit ist ein
1A-Glücksvertreiber.

Ein ganz normaler Erdbewohner kann
und muss sich am Tag mindestens

50×

entscheiden.

Aber das Glück, entscheiden zu können,
verblasst an manchen Tagen. Denn:

ENTSCHEIDEN IST SCHWER!

An solchen Tagen, an denen du vor Ratlosigkeit am liebsten den Kopf in den Sand stecken würdest, solltest du die Ruck-zuck-Entscheidungskarten benutzen.

Bitte schnippel diese beiden Karten aus und steck sie in deine Tasche. Bei akuter Unschlüssigkeit greifst du einfach blind hinein und ziehst eine Karte heraus. Ruck, zuck hast du dich entschieden und bist zufrieden.

ACHTUNG: Die Karten haben eine Vorderseite **und** eine Rückseite!

Je nachdem, wie du die Entscheidungsfrage formulierst, lautet die Antwort entweder
JA oder NEIN oder
1 oder 2.

Beispiel für eine JA-oder-NEIN-Frage:
Gehe ich heute Abend mit Hans ins Kino?

Beispiel für eine 1-oder-2-Frage: Gehe ich heute Abend mit Hans oder mit Franz ins Kino?

Die 1-oder-2-Karte wird also immer dann benutzt, wenn es zwei verschiedene Möglichkeiten der Entscheidung gibt. Hans ist Möglichkeit Nr. 1, und Franz ist Möglichkeit Nr. 2. Klar?

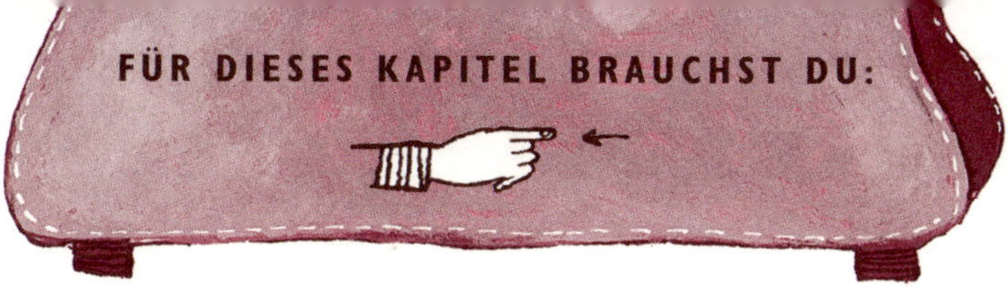

10. KAPITEL

TAGESTIPP FÜR DEN AKTIVEN GLÜCKSSUCHER

Manchmal braucht man einen guten Tipp,
um aus einem Alltag einen Glückstag zu machen.

Schlag die nächste Seite auf und schließ die Augen. Dann dreh das geöffnete Buch ein paar Mal herum und tipp mit dem Finger auf irgendeine Stelle darin. Befolgst du den Tipp, kann heute garantiert nichts mehr schief gehen.

TAGESTIPP FÜR DE
WÜNSCH JEDEM, DEN DU TRIFFST, EINEN "GUTEN TAG"!
NIMM AN EINEM PREISAUSSCHREIBEN TEIL
ERFÜLL DIR EINEN GANZ BESONDEREN WUNSCH!
MACH EINE NEUE BEKANNTSCHAF
FLASCHENPOST
MACH EINEN AUSFLUG!
Rosi!
VERÄNDERE DI
VORHER
NACHHER
GEH HEUTE GANZ FRÜH INS BETT!
MACH JEMANDEM EIN GESCHE

KTIVEN GLÜCKSSUCHER!
ECK DEINE NASE
N EIN (GUTES) BUCH!
BUCH
HÖR SOFORT AUF ZU
ARBEITEN!
SPRICH MIT EINEM
FREUND!
SEI NETT ZUM NÄCHSTEN,
DER ZUR TÜR
REINKOMMT!!
CHREIB HEUTE
BEDINGT EINEN NETTEN
BRIEF!
BETÄTIGE DICH SPORTLICH!
SO NICHT!
GIESS MAL
WIEDER
DEINE
BLUMEN!
MACH HEUTE NICHTS
!!!

EXTRAKAPITEL

FLUGSTUNDE FÜR GLÜCKSSCHWEINE

Wie alle anderen muss auch das Glücksschwein seinen Beruf erst lernen. *
Wie es das macht, siehst du auf der nächsten Seite. Hier darfst du dich mal ausruhen!

* (siehe Kapitel 1)

1
SCHÖN LOCKER IN DEN BEINEN!
2
ARME HEBEN UND LEICHT KREISEN LASSEN.
3
SCHNELLER !!!
4
BAUCH EINZIEHEN
5
NICHT AUSRUHEN! WEITERMACHEN!
6
MIT DEN OHREN UND DEM RINGELSCHWANZ WACKELN.
7
JETZT DIE MOTOREN-GERÄUSCHE!
8
SEHEN SIE, WIE SCHÖN SIE FLIEGEN!
1cm
VORSICHT BEIM LANDEN!

FÜR DAS FOLGENDE
KAPITEL BRAUCHST DU:
SAFT

II. KAPITEL

ACHTUNG: UNGLÜCK

Es gibt Tage, an denen galoppiert dein Glücksschwein über alle Berge, und das Unglück klingelt an der Tür.

Wenn das passiert – keine Panik!
Das Unglück liebt solche Überraschungsbesuche.
Es kommt ganz plötzlich durch die Tür, doch es wird nicht ewig bleiben.
Das Unglück macht sich gerne größer, als es ist.
Es will dir mit Zähnefletschen und Geknurre Angst einjagen. Gib ihm ein Glas Saft und frag es mutig, was es bei dir will.

Wahrscheinlich muss das Unglück über diese Frage so lange nachdenken, dass es dann erst mal wieder nach Hause geht.

UN-Glück und Glück
gehören zusammen.

Glück oder Unglück? Das ist Ansichtssache!

FÜR DAS FOLGENDE
KAPITEL BRAUCHST DU:
SONST NICHTS!

12. KAPITEL

Wie man dem drohenden Unglück
ein Schnippchen schlägt.

FÜR JEDES DROHENDE UNGLÜ

Drohendes UNGLÜCK ______________________

1 Dir ist eine schwarze Katze von links nach rechts über den Weg gelaufen.

2

Du bist aus Versehen mit dem linken Fuß zuerst aus dem Bett gestiegen.

3 Du hast dir deinen Regenschirm im Haus über den Kopf gehalten.

4

Dir ist an diesem Morgen eine Spinne begegnet.

5 Du hast deinen Spiegel an einen losen Nagel gehängt.

IBT ES AUCH EIN GEGENMITTEL

GEGENMITTEL

Leg dich auf die Lauer und warte, bis die Katze nochmal deinen Weg kreuzt. (Diesmal von rechts nach links!)

Zieh deine Schuhe an diesem Tag verkehrt herum an.

Lass deinen Regenschirm beim nächsten Wolkenbruch zu Hause.

Räum dein Zimmer auf und wisch mal wieder Staub!

Hol dir eine alte Kaffeetasse und schmeiß die auch noch auf den Boden.

FÜR DAS FOLGENDE
KAPITEL BRAUCHST DU:
FILZER
FILZER

13. KAPITEL

TALISMÄNNER + TALISFRAUEN

Ein Talismann oder eine Talisfrau* ist ein Gegenstand, den man immer bei sich trägt, weil man hofft, dass er Glück bringt. Ein Glücksbringer also und ein Gegenstand, den jeder Glückssucher unbedingt bei sich haben sollte.

* Das Geschlecht hängt von dem des Besitzers/der Besitzerin ab.

Es ist nicht ratsam, einen lebendigen Glücksbringer zu benutzen. Dein Goldhamster zum Beispiel würde es bestimmt nicht lustig finden, den ganzen Tag in deiner Hosentasche zu sitzen.

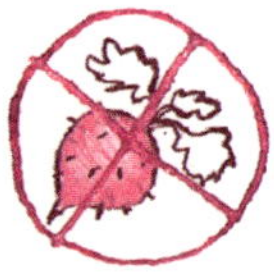

Viel praktischer ist ein Gegenstand, dem es nichts ausmacht, ständig bei dir zu sein. Er sollte möglichst klein sein (aber kein Radieschen, denn das schrumpelt mit der Zeit) und über echte Glücksbringerfähigkeiten verfügen.
Ein alter Weinkorken könnte genau das Richtige sein …

DER GLÜCKSBRINGER-BASTELKURS

Nimm dir einen alten Korken.

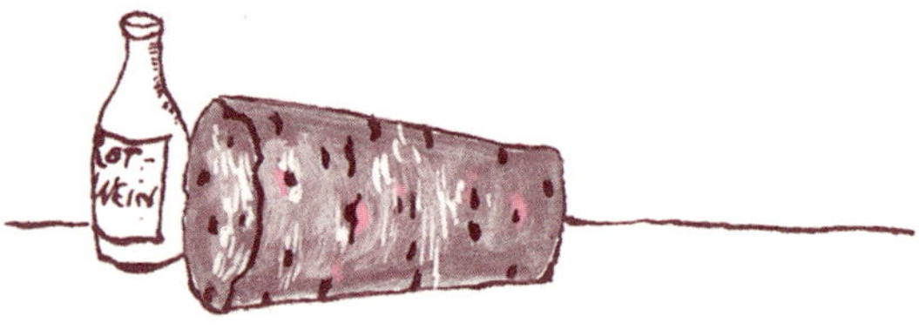

Dann bemalst du den Korken mit den Filzstiften.

ACHTUNG:
Die Bemalung bestimmt den Einsatzbereich des Glücksbringers.

Es ist durchaus erlaubt, mehrere Glücksbringer zu besitzen. Am besten, du machst dir gleich zwei:

Nun kommt das Wichtigste:

In einer sternklaren Nacht gehst du mit deinen bemalten Korken nach draußen. Du hältst sie fest in deiner Hand, konzentrierst dich und spuckst im hohen Bogen über die Korken. Erst wenn du das gemacht hast, ist der Glücksbringer wirksam.

TIPP:
In der Schule macht die Schreibweise **Talisman** besonders glücklich!

FÜR DAS FOLGENDE
KAPITEL BRAUCHST DU:
KLEBE
GESCHICKTE

14. KAPITEL

GLÜCKSORAKEL

FÜR BASTLER MIT ZWEI GLÜCKLICHEN HÄNDEN

Jetzt musst du dich ganz schön anstrengen. Doch wenn du all deine Bastelkräfte sammelst, deine Talismänner oder Talisfrauen um dich aufbaust und die Anleitung genauestens befolgst, wirst du mit einem Blick in die Zukunft belohnt!!

BASTELANLEITUNG
in aller Kürze !!!

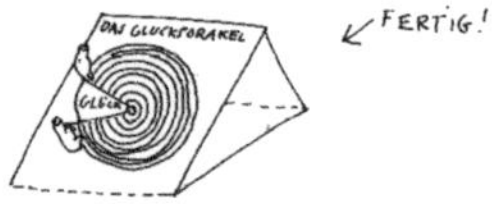

Trenne die nächsten 4 Blätter aus deinem Glücksbuch heraus und schneide alle Teile an der dunklen Linie aus.

Vor dir liegen jetzt:

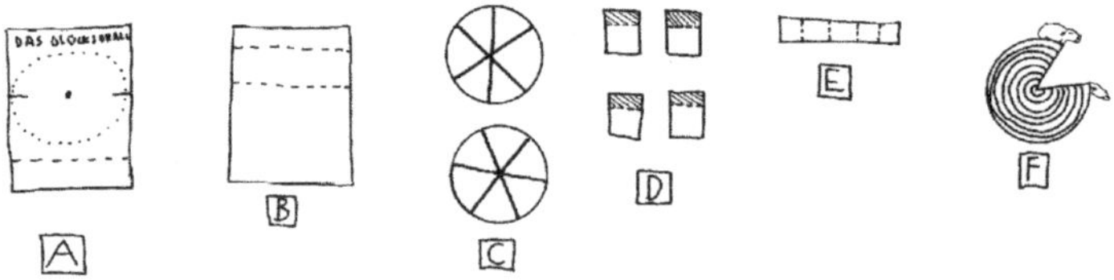

1. Der Orakelständer:

Dafür brauchst du Teil A + Teil B. Teil A an der Linie nach hinten knicken und an den Linien rechts und links einschneiden.

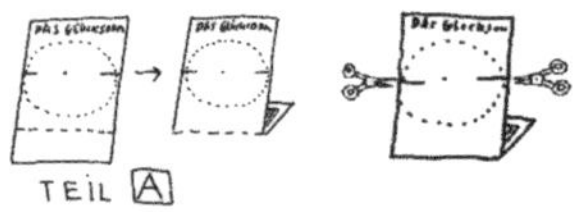

Teil B an beiden Linien nach vorne knicken.

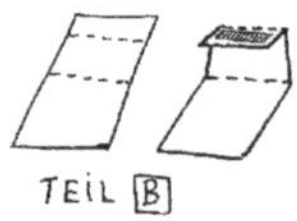

Dann Teil A + Teil B zusammenkleben.

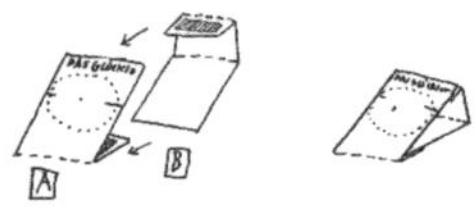

2. Die Orakelräder:

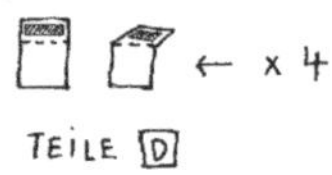

Dafür brauchst du die Teile C + D. Die vier Stecknasen an den Linien knicken. Dann die Orakelräder umdrehen und jeweils zwei Stecknasen auf den Klebemarkierungen festkleben.

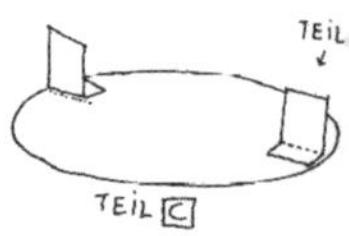

DAS GLÜCKSORAKEL

Hier werden die Orakelräder aufgesteckt.

**Wenn du wirklich wissen willst,
wie es in der Zukunft um dich steht!**

An der gestrichelten Linie nach hinten klappen!

KLEB

KLEB
KLEB
KLEB
KLEB

ORAKELRÄDER

Hier zwei Stecknasen auf die
Klebemarkierungen kleben!

Hier zwei Stecknasen auf die
Klebemarkierungen kleben!

D

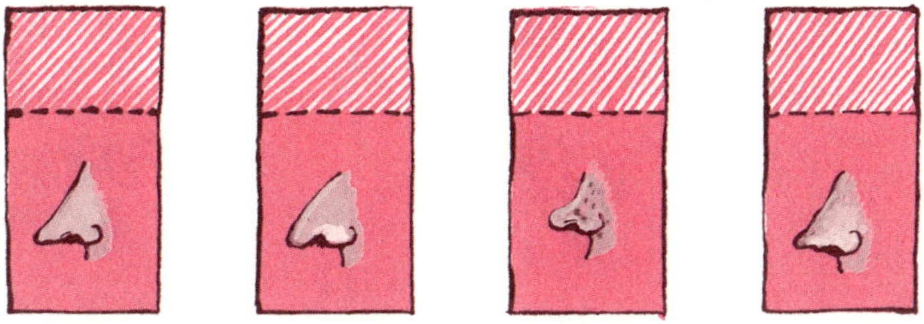

STECKNASEN

E

DREHKNÖDEL

ORAKELDREHSCHEIBE

F

KLEB

B

KLEB

KLEB
KLEB
KLEB
KLEB

3. Der Drehknödel:

Dafür brauchst du Teil E.
Knicke den Streifen an den
Linien wie eine Ziehharmonika.

4. Glücksorakel-Zusammenbau:

Entscheide dich zuerst für eines der beiden Orakelräder.
(Im Zweifelsfall siehe Kapitel 9.)

Steck die Stecknasen
des Orakelrades in die
Schlitze des Orakelständers.

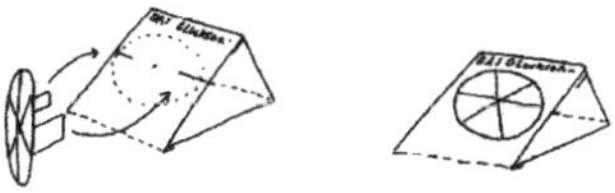

Jetzt kommt deine Stecknadel zum Einsatz.
Spieß die Orakeldrehscheibe und den Drehknödel wie ein Schaschlik auf die Nadel. Dann steckst du das Ganze auf den Orakelständer.

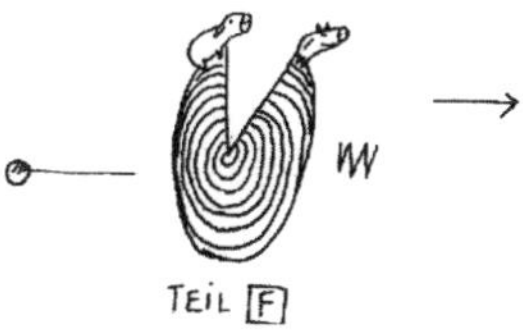

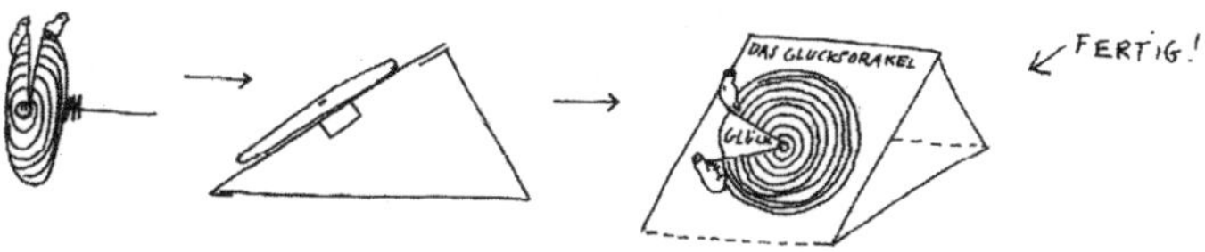

Wenn du das geschafft hast, klopf dir erst mal kräftig auf die Schulter. (Du hast zwei sehr glückliche Hände!) Nun kannst du das Glücksorakel befragen!!

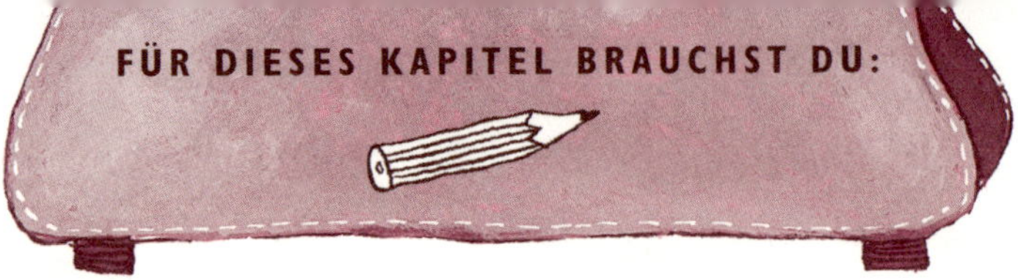

15. KAPITEL

DAS LABYRINTH ZUM GLÜCK

Auch wenn sich dir so manches in den Weg stellt: Es gibt immer einen Schleichweg zum Glück. Ob die Tipps und Tricks von diesem Buch bei dir bereits wirken, kannst du hier am Labyrinth testen. Falls du keinen Weg zum Glücksschwein findest, tröste dich mit Kapitel 16. Dann beginne noch einmal mit Kapitel 1. (Darüber bitte nicht unglücklich sein!)

Findest du den richtigen Weg, bist du ein Glückssucher der Fortgeschrittenenklasse! Klapp dein Buch zu und probier dein Können jetzt im wirklichen Leben!
Viel Glück dabei!!!

FÜR DICH!

FÜR DAS FOLGENDE
KAPITEL BRAUCHST DU:
KLEBE

16. KAPITEL

DAS NOTFALL-SET

Für alle, die Trost und Aufmunterung brauchen, um sich erneut auf die Suche nach dem Glück zu begeben.

GUTE-LAUNE-WÖRTER-SAMMLUNG ZUM LAUT-LESEN!

Apfelmus • Achterbahn • Ast • Abendrot
Adventskalender • bunt • Beutelhase
Bär • Birnenbaum • Bus • Blasorchester
Clown • C-Dur • Claudia • Drossel • Du
Donnerstag • Dackel • Die Sonne • Ente
Eis • Erdbeeren • Erdbeerkuchen • eins
entzückend • Flieder • Fuchs • Flummi
Gutenachtgeschichte • gerne • Glück
heute • herrlich • Hering • Herz • ich
intelligent • Instrument • Insel • Idee
Joghurt • Johannisbeere • jonglieren
Kuckuck • König • Konrad • Kastanie
Kuss • Kahn • lachen • laut • Lerche
Liebe • Libelle • Luftmatratze • Maus
Milchshake • Mond • Märchen • Nacht
Nase • nur an dich gedacht • Otto • Pudel
Pudding • Quatsch • Quark • Reise • Riese
Suppenschüssel • tanzen • toben • Trost
Trallala • umarmen • Vogel • Verstand
viel • Wunsch • X • Zebra • zuckersüss
zudecken • zwitschern • zusammen • Zug

DAS ANTI-ÜBELLAUNE-ZAHLENRÄTSEL

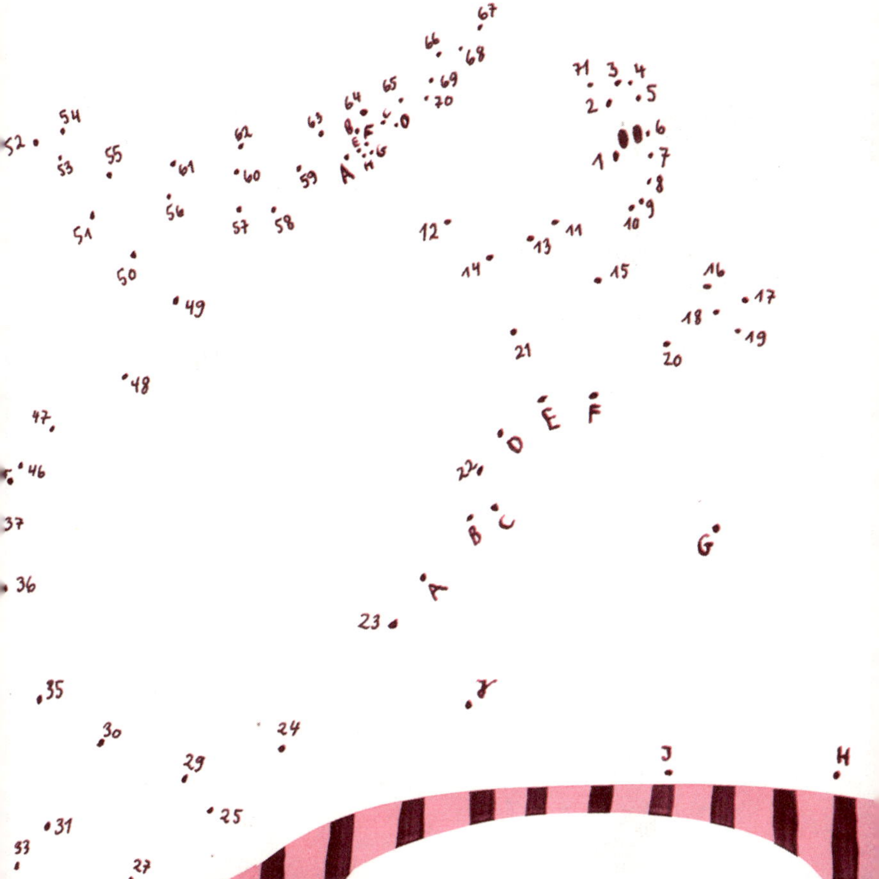

Bitte Zahlen und
Buchstaben verbinden.
(In der richtigen Reihenfolge!)

TROSTPFLASTER FÜR ALLE FÄLLE

Bitte ausschneiden, gut anlecken
und an die entsprechende Stelle kleben.

ZUM AUSSCHNIPPELN →

ie ROSAROTE  BRILLE

ACHTUNG: NICHT ZU OFT BENUTZEN!

FRANZISKA BIERMANN

wurde 1970 in Bielefeld geboren. Sie studiert an der Hamburger Fachhochschule für Gestaltung Illustration und Kommunikationsdesign. Nach verschiedenen Buchillustrationen ist dies ihre erste eigene Veröffentlichung.